CONOCE LAS CIENCIAS BIOLÓGICAS

LAS PLANTAS

KATE MIKOLEY

TRADUCIDO POR ALBERTO JIMÉNEZ

Gareth Stevens PUBLISHING

EN CONTEXTO

Please visit our website, www.garethstevens.com. For a free color catalog of all our high-quality books, call toll free 1-800-542-2595 or fax 1-877-542-2596.

Cataloging-in-Publication Data

Names: Mikoley, Kate.
Title: Las Plantas / Kate Mikoley.
Description: New York : Gareth Stevens Publishing, 2020. | Series: Conoce Las Ciencias Biológicas | Includes glossary and index.
Identifiers: ISBN 9781538250747 (pbk.) | ISBN 9781538250761 (library bound) | ISBN 9781538250754 (6 pack)
Subjects: LCSH: Plants--Juvenile literature. | Plant physiology--Juvenile literature. | Plant ecology--Juvenile literature.
Classification: LCC QK49.M53 2020 | DDC 580--dc23

First Edition

Published in 2020 by
Gareth Stevens Publishing
111 East 14th Street, Suite 349
New York, NY 10003

Translator: Alberto Jiménez
Editor, Spanish: Rossana Zuñiga
Designer: Reann Nye
Editor: Kate Mikoley

Photo credits: Series art MriMan/Shutterstock.com; cover, p. 1 AustralianCamera/Shutterstock.com; p. 5 Jakkrit Orrasri/Shutterstock.com; p. 7 hovikphotography/Shutterstock.com; p. 9 Perfect Lazybones/Shutterstock.com; p. 11 stockphoto mania/Shutterstock.com; p. 13 krasky/Shutterstock.com; p. 15 Agatha Koroglu/Shutterstock.com; p. 17 Romas_Photo/Shutterstock.com; p. 19 lovelyday12/Shutterstock.com; p. 21 TuyNuy/Shutterstock.com; p. 23 nito/Shutterstock.com; p. 25 Lazartivan/Shutterstock.com; p. 27 Adam J/Shutterstock.com; p. 29 Shannon West/Shutterstock.com; p. 30 (plant) adike/Shutterstock.com; p. 30 (sun) stockelements/Shutterstock.com; p. 30 (sugar) Saranya Loisamutr/Shutterstock.com; p. 30 (clouds) KC Lens and Footage/Shutterstock.com; p. 30 (water) Only background/Shutterstock.com.

Printed in the United States of America

CPSIA compliance information: Batch #CW20GS: For further information contact Gareth Stevens, New York, New York at 1-800-542-2595.

CONTENIDO

Las palabras del glosario se muestran en **negrita** la primera vez que aparecen en el texto.

PLANTAS POR DOQUIER

¡Las plantas se pueden encontrar por doquier! Algunas crecen en la tierra, mientras que otras viven en el agua. Estos maravillosos **organismos** son muy importantes para la vida en la Tierra. ¡De hecho, los humanos y otros animales no podrían vivir sin ellas!

SI QUIERES SABER MÁS

Todas las **cadenas alimentarias** incluyen plantas. Hasta los animales que no las comen, obtienen **nutrientes** de animales que sí las comen.

TODA CLASE DE PLANTAS

Se cree que hay más de 390 000 especies diferentes de plantas. Algunas son tan pequeñas que solo se pueden ver con herramientas especiales. Otras, como la secuoya gigante, ¡puede superar los 300 pies (91 m)!

SI QUIERES SABER MÁS

Una secuoya gigante de California mide más de 100 pies (30 m) alrededor de su base.

EL PODER DE LAS FLORES

La mayoría de las plantas tienen flores, producen partes de donde crece la semilla o el fruto. Esto incluye las plantas que comúnmente pensamos que son flores, como las rosas. Sin embargo, otras plantas, como muchos árboles y hierbas, que también son plantas con flores.

SI QUIERES SABER MÁS

Hay plantas con flores en distintos **medios ambientes**, pero la mayoría viven en zonas cálidas y húmedas, cerca del **ecuador**.

HACER MÁS PLANTAS

Las plantas que florecen se reproducen -hacen nuevas plantas- mediante la polinización. La parte de la flor llamada antera produce polen. Para que aparezca una semilla, el polen tiene que llegar a otra parte de la flor, el estigma. El polen suele ser transportado por medio de insectos.

SI QUIERES SABER MÁS

Algunas flores tienen antera y estigma. Otras, tienen la una o el otro, por lo que el polen debe trasladarse a otra flor para que se produzca la polinización.

No todas las plantas tienen flor. Algunas, como los pinos, también usan semillas para reproducirse, pero sus semillas se hallan en conos en lugar de flores. Otras plantas sin flor no se reproducen mediante semillas, sino por medio de **esporas**.

SI QUIERES SABER MÁS

Los helechos y los musgos son plantas que se reproducen mediante esporas.

FASE DE GERMINACIÓN

Cuando una planta crece de una semilla se llama germinación. Dentro de la semilla está el embrión, el comienzo de la nueva planta. La semilla también contiene alimento para la planta. Cuando se siembra en el entorno adecuado, la semilla germinará.

SI QUIERES SABER MÁS

Las semillas terminan en el suelo porque las plantan o por medios naturales, cuando son arrastradas por el viento o transportadas por los animales.

Las distintas plantas necesitan diferentes **condiciones** para crecer. Todas las semillas requieren **oxígeno** y agua. También una **temperatura** adecuada y la cantidad de luz correcta. Si las condiciones son las apropiadas, la semilla absorbe el oxígeno y el agua.

SI QUIERES SABER MÁS

Para crecer, ciertas semillas necesitan oscuridad y otras necesitan luz. Asimismo, distintas plantas precisan temperaturas diferentes.

El embrión que contiene la semilla comienza a crecer. Pronto, la parte exterior de la semilla se abre. Las raíces de la planta empiezan a crecer en el suelo, dándole a la planta una base fuerte y ayúdandola a mantenerse en su lugar.

SI QUIERES SABER MÁS

Una vez que echa raíces, la planta atraviesa el suelo para salir a la superficie. Esta parte visible de la planta se llama brote.

MÁS CRECIMIENTO

Desde el brote, la planta desarrolla el tallo y las hojas. Con el tiempo, llegará a producir flores donde se formarán las semillas. O, según la especie de que se trate, producirá esporas o conos. ¡Esto inicia el **ciclo de vida** de nuevas plantas!

SI QUIERES SABER MÁS

En ciertas plantas, cada flor solo fabrica una semilla. En otras, cada flor produce cientos de semillas.

Las raíces de la planta toman el agua y los nutrientes que la planta necesita para vivir. Estos viajan a través del tallo para llegar a las hojas. El tallo, además, levanta la planta hacia el sol, porque una planta también necesita luz solar para vivir.

SI QUIERES SABER MÁS

Las hojas están unidas al tallo mediante una ramita pequeña llamada peciolo.

PREPARAR LA COMIDA

Las plantas verdes fabrican su propio alimento a través de un proceso llamado fotosíntesis. Durante ella, la planta absorbe **dióxido de carbono** y agua. También absorbe luz del sol. Usando la **energía** de esta luz solar, la planta convierte el dióxido de carbono y el agua en un azúcar llamado glucosa.

SI QUIERES SABER MÁS

La glucosa que produce la planta se descompone y se convierte en energía. Esta energía ayuda a la planta a crecer.

Durante la fotosíntesis, las plantas también producen oxígeno. Este oxígeno se libera al aire, lo que hace posible que seres humanos y animales puedan respirar. Casi todo el oxígeno de nuestro mundo proviene de la fotosíntesis. Sin ella, ¡la mayoría de los organismos serían incapaces de vivir!

SI QUIERES SABER MÁS

Las plantas que realizaron la fotosíntesis hace millones de años ayudaron a formar los **combustibles fósiles**, como el carbón.

¡PLANTA LAS TUYAS!

Los científicos todavía están descubriendo y estudiando nuevas plantas. Según crezcas, irás conociendo más y más datos sobre las plantas. Pero si de verdad quieres aprender más acerca de estos seres, pídele a un adulto que te ayude a plantar unas cuantas.

SI QUIERES SABER MÁS

Si cuidas tus propias plantas, podrás conocerlas mejor. No necesitas un jardín grande. ¡Ciertas plantas de interior crecen muy bien en macetas pequeñas!

LA FOTOSÍNTESIS

GLOSARIO

cadena alimentaria: serie de organismos donde cada uno utiliza el siguiente organismo, más bajo, como alimento.

ciclo de vida: etapas por las que pasa un ser vivo durante su existencia.

combustible fósil: materia formada durante millones de años a partir de restos de plantas y animales; en la actualidad se quema para obtener energía.

condiciones: estado en el que vive alguien o algo.

dióxido de carbono: gas que exhalan los animales al respirar.

ecuador: línea imaginaria que rodea la Tierra y está a la misma distancia de los polos norte y sur.

energía: potencia utilizada para hacer cosas.

espora: cuerpo pequeño formado por una planta y que equivale a la semilla, ya que puede crecer hasta convertirse en otra planta.

medio ambiente: condiciones que rodean a un ser vivo y que afectan a su modo de vida.

nutriente: algo que un ser vivo necesita para crecer y mantenerse vivo.

organismo: ser viviente.

oxígeno: gas incoloro e inodoro que muchos animales, incluidas las personas, necesitan respirar.

temperatura: qué tan caliente o frío está algo.

PARA MÁS INFORMACIÓN

LIBROS

Duling, Kaitlyn. *A Plant That Eats Spiders and Other Cool Green-and-Growing Facts*. North Mankato, MN: Capstone Press, 2019.

Gibbs, Maddie. *Types of Plants*. New York, NY: Britannica Educational Publishing, 2019.

SITIOS DE INTERNET

Planta un huerto
kids.nationalgeographic.com/explore/nature/plant-a-garden/
Descubre cómo cultivar tus propias plantas en esta página.

Plantas
www.dkfindout.com/us/animals-and-nature/plants/
Aquí aprenderás más sobre muchos tipos de plantas.

Nota del editor para educadores y padres: nuestro personal especializado ha revisado cuidadosamente estos sitios web para asegurarse de que son apropiados para los estudiantes. Muchos sitios de internet cambian con frecuencia, por lo que no podemos garantizar que posteriores contenidos que se suban a esas páginas cumplan con nuestros estándares de calidad y valor educativo. Tengan presente que se debe supervisar cuidadosamente a los estudiantes siempre que tengan acceso al Internet.

ÍNDICE